Anne Graefen

Thema Nachhaltigkeit. Eine Klausurlösung

GRIN Verlag

Bibliografische Information der Deutschen Nationalbibliothek:

Die Deutsche Bibliothek verzeichnet diese Publikation in der Deutschen National-
bibliografie; detaillierte bibliografische Daten sind im Internet über http://dnb.d-
nb.de/ abrufbar.

Impressum:

Copyright © 2005 GRIN Verlag GmbH
Druck und Bindung: Books on Demand GmbH, Norderstedt Germany
ISBN: 978-3-656-71468-2

Dieses Buch bei GRIN:

http://www.grin.com/de/e-book/278411/thema-nachhaltigkeit-eine-klausurloesung

GRIN - Your knowledge has value

Der GRIN Verlag publiziert seit 1998 wissenschaftliche Arbeiten von Studenten, Hochschullehrern und anderen Akademikern als eBook und gedrucktes Buch. Die Verlagswebsite www.grin.com ist die ideale Plattform zur Veröffentlichung von Hausarbeiten, Abschlussarbeiten, wissenschaftlichen Aufsätzen, Dissertationen und Fachbüchern.

Besuchen Sie uns im Internet:

http://www.grin.com/

http://www.facebook.com/grincom

http://www.twitter.com/grin_com

N: Nachhaltigkeit

NE: Nachhaltige Entwicklung

NK: Nachhaltiger Konsum

NW: Nachhaltiger Warenkorb

IL: Industrieländer

EL: Entwicklungsländer

Einleitung

In Deutschland kam es bereits gegen Ende der 60er Jahre zu einem Bewusstseinswandel der jungen Generation. Protestiert wurde gegen unbegrenztes Wirtschaftswachstum trotz begrenzter Ressourcen, gegen Umweltverschmutzung, Friedensgefährdung und Arbeitslosigkeit. Gefordert wurden ein ethisch verantwortungsvoller Konsum und eine zukunftsgerichtete Verbraucherpolitik. Die Generation der 68er verzichtete auf teure Produkte, gesundheitsschädliche und umweltgefährdende Güter und gab dem Immateriellen im Sinn einer umweltbewussten und sozial gerechten Lebensweise den Vorzug. Die reformerischen Ziele schlugen sich in einem „alternativen" Lebensstil nieder, den man heute als „nachhaltigen Lebensstil" bezeichnen könnte, ohne dass davon damals schon die Rede war.

Wie es zu dem Begriff der „Nachhaltigkeit" kam, was genau darunter zu verstehen ist und welche Ziele mit dem Prinzip der Nachhaltigkeit verfolgt werden, möchte ich zu Beginn dieser Arbeit aufzeigen. Anschließend geht es um die drei Dimensionen und die daraus entstehenden Zielkonflikte, die 21 Indikatoren für Nachhaltigkeit der Bundesregierung als ein Bespiel einer nationalen Agenda, die Steuerinstrumente und die Nachhaltigkeitsstrategien. Im Abschnitt Nachhaltiger Konsum (im Folgenden: NK) wird der Verbraucher in den Vordergrund gerückt, bevor ich dann konkret auf den „Nachhaltigen Warenkorb" (Rat für Nachhaltigkeit, 2002) als ein Instrument des NK zu sprechen komme. Nachdem ich dann die Ziele und Funktionen des Nachhaltigen Warenkorbs (im Folgenden: NW) und die möglichen Schwierigkeiten bei der Umsetzung aufgezeigt habe, möchte ich die Arbeit mit einer Kritik zum Nachhaltigkeitskonzept beenden.

Definition, Ursprung und Entwicklung des Begriffes Nachhaltigkeit

Heute wird N als Übersetzung für den englischen Begriff der *sustainability* (Nachhaltigkeit) bzw. des *sustainable development* (Nachhaltige Entwicklung: NE) verwendet. Der deutsche Begriff der N stammt ursprünglich aus der Forstwirtschaft (nach Hans Carl von Carlowitz um 1713): Es wird nicht mehr Holz geerntet als nachwachsen kann; Kahlschlag sollte vermieden und Fortbestand gesichert werden. Die an den Club of Rome gerichtete Studie „Grenzen des Wachstums" (1972) gilt als Urstudie der NE, wobei der Begriff erst im Brundtlandreport von 1987 veröffentlicht wurde: Unter NE versteht man „eine Entwicklung die den Bedürfnissen der heutigen Generation entspricht, ohne die Möglichkeiten zukünftiger Generationen zu gefährden, ihre Bedürfnisse zu befriedigen." Bisher getrennt betrachtete Probleme wurden in einem Wirkungsgeflecht betrachtet. Diese Herangehensweise galt bereits als Vorbereitung für die UN-Konferenz für Umwelt und Entwicklung (UNCED) in Rio de Janeiro (1992), in der die drei Dimensionen der N entstanden, auf die ich im nächsten Abschnitt eingehen werde. Das Prinzip der N und das Konzept der NE bilden seitdem das Leitbild der internationalen Umwelt- und Entwicklungspolitik. Bestätigt wurde dieser Ansatz in der Agenda 21, dem Resultat der Konferenz. Es handelt sich dabei um ein globales Aktionsprogramm mit sehr detaillierten Handlungsaufträgen an die Regierung der Staaten zum Schutz der natürlichen Umwelt für das 21. Jhd. Es wurde nämlich deutlich, dass die globalen Probleme ein gemeinsames Handeln erfordern. Die Strategien können auf nationaler (Bundesregierung, 2002: „Perspektiven für Deutschland", 21 Indikatoren für Nachhaltigkeit), regionaler und lokaler Ebene (Stadtleitbild, Stadtentwicklungsplan, -projekte, -programm; z.B. Stadt Neumarkt in der Oberpfalz) durch ein eigens aufgestelltes Aktionsprogramm verfolgt werden (vgl. wikipedia). Weil die Vereinbarungen jedoch nicht verpflichtend sind, wurden die Vorschläge bisher nur sehr schleppend umgesetzt, so dass das Thema N in weiten Teilen auf der Expertenebene verweilt. Der Verbraucher wurde ins Visier der Umwelt- und Entwicklungspolitik gerückt, was auch im Beschluss der nationalen Nachhaltigkeitsstrategie der Bundesregierung (2002) in Zusammenarbeit mit dem 2001 einberufenen Rat für Nachhaltige Entwicklung und in dem Projekt „Nachhaltiger Warenkorb" (2002) deutlich wurde und in die Verabschiedung eines zusätzlichen Aktionsplans auf dem Weltgipfel für NE (Johannesburg 2002) mit einfloss. Vollzogen wurde ein Paradigmenwechsel zur N-Strategie, d.h. N als strategische Aufgabe verstanden. Deutschland legte 2004 einen ersten Fortschrittsbericht vor, auf den ich in Zusammenhang mit den einzelnen Indikatoren später noch eingehen möchte.

Bei der NE handelt es sich um ein sehr komplexes Konstrukt, mit dem sich seit einiger Zeit sogar eine N-Wissenschaft und eine N-Forschung beschäftigen. Grob betrachtet, steht der Begriff im Gegensatz zur Verschwendung und kurzfristigen Plünderung von Ressourcen. Im Mittelpunkt stehen ein bedürfnisorientiertes anthropozentrisches Weltbild und die Leitbilder wie Generationsgerechtigkeit, Lebensqualität, sozialer Zusammenhalt und globale Verantwortung. Es geht um einen verantwortungsvollen Umgang mit Ressourcen, der auch an zukünftigen Entwicklungen und Generationen orientiert ist. N bedeutet, vom Ertrag und nicht von der Substanz zu leben.

N ist das Ziel einer NE. NE dagegen der Prozess, welcher zu diesem Ziel führt. Vereinfacht und konkret ausgedrückt: Die dauerhafte Existenzfähigkeit der Erde und Ökosysteme ohne Grenzüberschreitung ist zusammen mit der Erfüllung der Grundbedürfnisse aller Menschen und zukünftiger Generationen das eigentliche **Ziel** von N. Der Weg hierhin ist die NE aller Bereiche.

Die drei Dimensionen einer NE und ihr Verhältnis untereinander

Die **drei Säulen/Dimensionen** der NE sind:

Ökologie: langfristige Sicherung natürlicher Lebensgrundlage durch Ressourcenschonung, geringe Abfallmengen, Erhalt der Ökosysteme, geringe Luftverschmutzung, Umwelt- und Klimaschutzmaßnahmen; Kreislaufgerechtigkeit

Ökonomie: wirtschaftliche Stabilität / Wachstum - national und international, Sicherung angemessener Bedürfnisbefriedigung, Beschäftigung, Kapitalerhaltung

Soziales: Kultur und Gesellschaft: intra- und intergenerative Gerechtigkeit (gerechte Verteilung des Wohlstands zwischen Nord und Süd, Ost und West), Gleichberechtigung der Geschlechter

Über diesen drei Säulen steht die globale Verantwortung als Leitidee, welche berücksichtigt werden muss, um langfristig eine angemessene Lebensqualität für alle Menschen anzustreben. Stellt man die N-Dimensionen in einem magischen Dreieck dar, geht man von einer „prinzipiellen Gleichrangigkeit" und des „untrennbaren Zusammengehörens" der drei Dimensionen aus (vgl. Grunwald, 2001) (Skizze). Eine wirtschaftliche und soziale Weiterentwicklung wird nur innerhalb des Spielraums möglich sein, den die Natur als Lebensgrundlage bereithält (vgl. imug,

Umweltbundesamt). Um die drei Dimensionen unter einen Hut zu bekommen, müssen Zielkonflikte ausgetragen und Einschränkungen in den Zielen aller eng miteinander verknüpften Dimensionen hingenommen werden.

Über das mehrdimensionale Konstrukt lässt sich demnach diskutieren. Je nach Betrachtungsweise lassen sich die einzelnen Dimensionen nämlich unterschiedlich auslegen: Die wachstumsorientierten Entwicklungsmodelle stützen sich auf das Argument, dass die ökologische und soziale Dimension in erster Linie von einem quantitativen Wirtschaftswachstum abhängen und deshalb das Wirtschaftswachstum oberste Priorität besitzt, während Kritiker (Befürworter der Nachhaltigkeit) dem entgegensetzen, dass ein „Entwicklungsverständnis, welches die ökologische Dimension [. . .] als nachrangig erachtet", langfristig die Lebensgrundlagen unwiederbringlich zerstöre. Sie plädieren für ein qualitatives Wirtschaftswachstum, bei dem nicht die kurzfristigen Gewinne an erster Stelle stehen. Für die letztere Position sprechen die anthropogenen Ursachen globaler Umweltveränderungen (z.B. Ozonloch, Erderwärmung etc.) und die Endlichkeit natürlicher Ressourcen.

In Johannesburg konnte sich das Weltbild, welches Marktwirtschaft, Freihandel und technischen Fortschritt als Garant für den Erhalt einer lebenswerten Welt ansieht, größten Teils durchsetzen und so erscheint der Wandel vom „homo oeconomicus" (Eigennutz-Orientierung, Folge: Quantitatives Wachstum) hin zum „homo sustinens" (ökologische und soziale Verantwortlichkeit, Folge: Qualitatives Wachstum) eher utopisch. (vgl. BAUER, 2005).

Da ökonomische Interessen gegenüber ökologischen und sozialen in der Regel die stärkere Durchsetzungskraft besitzen, kann ihre Einbindung in ein "magisches Dreieck" leicht dazu führen, dass die ökologischen und sozialen Aspekte bei konkreten Entscheiden den ökonomischen Interessen hinten angestellt werden.

Immer „noch" werden Umweltschutzmaßnahmen von der WTO als Handelshemmnis angesehen, auch wenn mittlerweile eine AG der WTO Umweltabkommen diskutiert. Bis zu deren Umsetzung und der Verankerung von sozialen und Umweltstandards auf WTO-Ebene liegt noch ein weiter Weg, auf dem die ökonomische Dimension der Nachhaltigkeit weiterhin im Vordergrund stehen wird (vgl. LANGE, MdB u. BERNINGER, MdB).

Die Diskussion um die Gewichtung der einzelnen Dimensionen spiegelt die hohe Komplexität der Entwicklungsproblematik wieder, festigt die Beliebigkeit und

Unschärfe des Begriffs der Nachhaltigkeit und erschwert eine allgemeingültige und empirisch überprüfbare Operationalisierung NE in der politischen Praxis.

Indikatoren für NE der Bundesregierung

Die Bundesregierung hat sich entschlossen in regelmäßigen Abständen aufzuzeigen, welche Fortschritte erreicht wurden und wo noch Handlungsbedarf besteht: Mittels der 21 Schlüsselindikatoren für eine NE wurden überprüfbare Ziele, bzw. Messgrößen für eine positive (oder negative) Veränderung festgelegt (Bundesregierung: Perspektiven für Deutschland).

Funktion: Sie zeigen Entwicklungsprognosen auf und dienen der Erfolgskontrolle.

Beispiele (in jeweiligem Bezug zu den drei Dimensionen) :

a) Ökologie

- Ausstoß klimarelevanter Gase (z.B. CO2) / Luftqualität
- Transportintensität und Anteil der Gütertransporte bei der Bahn
- Erhalt der Artenvielfalt

b) Ökonomie

- BIP und Finanzierungssaldo des Staatssektors
- Öffentliche und private Investitionen in Wissenschaft und Forschung (Anteil am BIP)
- Erwerbstätigenquote

c) Soziales

- Zahl der Auszubildenden und Studienanfänger
- Ganztagsbetreuungsangebote
- Zahl der ausländischen Schulabgänger ohne Hauptschulabschluss

(vgl. Bundesregierung: „Perspektiven für Dtl. - 21 Indikatoren für Nachhaltigkeit")

Die einzelnen Indikatoren sind nicht immer nur einer Dimension zuzuordnen; so hat die Erwerbstätigenquote auch eine soziale Dimension und nicht ausschließlich eine ökonomische. Es wird deutlich, dass es umfangreicher Koordinierungsmaßnahmen bzgl. Umwelt-, Wirtschafts-, Steuer- bzw. Finanz- und Sozialpolitik bedarf, um solche Vorgaben erfüllen zu können bzw. Fortschritte zu bemessen.

Im Fortschrittsbericht der Bundesregierung (2004) wurden Trends der Zielerfüllung von 1998 bis 2003 aufgewiesen. Viele sind positiv (z.B. Energie- und Rohstoffeffizienz, Verminderung der Treibhausgasemissionen, Anteil erneuerbarer

Energien am Energieverbrauch), aber leider wird auch eine Konjunktur- und Wachstumsschwäche und hohe Arbeitslosigkeit verzeichnet.

Trotz der Indikatoren ist Nachhaltigkeit ein schwer fassbares Ziel (vergleichbar mit dem Begriff „Gesundheit") und einen Fortschritt exakt zu messen ist schwierig. Nachhaltigkeit ist und bleibt ein komplexer gesellschaftlicher Prozess, der sich im Spannungsfeld vieler Interessen und Akteure vollzieht.

Steuerinstrumente mit dem Ziel Nachhaltiger Entwicklung

Aus internationaler Sicht ist hauptsächlich der Staat Motor, Akteur, Kontrolleur und Indikator einer NE; z.B. die CSD (Kommission für nachhaltige Entwicklung) und in Deutschland das Bundesministerium für Umwelt, Naturschutz und Reaktorsicherheit und nicht zuletzt die Bundesregierung. Allerdings kann NE nicht einfach vom Staat verordnet werden, sondern auch die Unternehmen (positives Beispiel „Otto"), Gewerkschaften, Kirchen, Verbände, Vereine, Initiativen und andere gesellschaftliche Gruppen, d.h. alle Bürger, sind gefragt, ihren Teil zu einem Erfolg des N-Pprojekts beizutragen. Die Verbraucher haben durch ihren Lebensstil und ihre Konsumgewohnheiten sehr direkten Einfluss auf die Produktionsbedingungen und damit auch auf die Umwelt. Privathaushalte sind in Deutschland z.B. für mehr als ein Viertel aller Treibhausgasemissionen verantwortlich. Der Staat hat zwar weitreichende, aber gleichzeitig in Bezug auf den Handlungsspielraum der Individuen begrenzte Mittel und Möglichkeiten.

Nachhaltigkeitsstrategien

Neben der Bestandssicherung (Konsistenz) sind folgende zwei N-Strategien von Bedeutung: Die Effizienzstrategie verfolgt die Erhöhung der Ressourcenproduktivität und des Umweltschutzes (z.B. durch technische Innovation). Sie allein reicht jedoch nicht aus, weil der reduzierte Ressourcen- und Energieverbrauch durch zu hohen Konsum und zu hohe Nutzung aufgehoben wird. Zusätzlich ist die Suffizienzstrategie notwendig, die eine angemessene Bedürfnisbefriedigung auch bei einem geringeren Einsatz von Produkten (Ressourcenschonung) als Ziel hat. Zu einem Wandel des Lebensstils hin zu einer „Kultur der Genügsamkeit" gehört, dass Produkte und DL seltener und sparsamer in Anspruch genommen werden sowie die Dematerialisierung des Konsums; z.B. das Erleben von sozialer Gemeinschaft, eigenes Aktivsein etc. Der Konsument ist somit wichtiger Akteur einer NE (vgl. imug).

Nachhaltiger Konsum

Leitidee ist, dass die Nachfrage nach Produkten die Produktionsstrukturen und -prozesse steuert. Der Konsument steht im Zentrum als Hauptakteur und muss täglich neue Konsumentscheidungen treffen. Die daraus entstehenden Effekte auf Hersteller und Herstellungsbedingungen sind vielfältig und kaum durchschaubar. Für die Produktionsbedingungen ist der Verbraucher i.e.S. nicht verantwortlich, vermieden werden kann jedoch ein häufig bedenkenloser Massen- und Verschwendungskonsum (vgl. Suffizienzstrategie), der weit über den eigenen Bedarf hinausgeht und deutlich zur Umweltbelastung und Fortführung schlechter Arbeits- und Lebensbedingungen in anderen Ländern beiträgt: „Etwa die Hälfte der gesamten Umweltbelastung ist Folge von umweltschädigendem Konsum, . . ." (Öko-Lexikon).

Insgesamt ist der Umsatz an Waren und Dienstleistungen pro Person sehr hoch; damit auch der persönlich zu verantwortende Umsatz an Energie, Rohstoffen, Schadstoffen, Abgasen und Wasserverbrauch, inklusive der Müllproduktion (-ausstoß). Während der Konsum größtenteils unter dem Gesetz der Gegenwartspräferenz steht, ist eine nachhaltige Wirtschaftsweise dagegen zukunftsorientiert. NK bedeutet in diesem Zusammenhang, seine jetzigen Bedürfnisse zu befriedigen, aber auch die ökologischen, ökonomischen und sozialen Folgen der Produktentscheidung im Hinblick auf die Zukunft zu überdenken.

Der „Nachhaltige Warenkorb", auf den ich im folgenden Abschnitt näher eingehen werde, soll den Konsumenten als Einkaufs- bzw. Entscheidungshilfe dienen und zu einem nachhaltigkeitsbewussten Handeln motivieren.

„Nachhaltiger Warenkorb"
(Rat für Nachhaltige Entwicklung)

Der Rat für Nachhaltige Entwicklung hat im Jahr 2002 in Hinblick auf einen ethisch verantwortungsvollen Konsum und eine zukunftsgerichtete Verbraucherpolitik das imug (Institut für Markt Umwelt Gesellschaft) beauftragt, in Anlehnung an den Statistischen Warenkorb einen „Nachhaltigen Warenkorb" (NW) zu erstellen, der für möglichst viele Produktgruppen Produkt- und DL-Alternativen in einem Katalog zusammenstellt, die der Nutzenstiftung dienen und gleichzeitig einen relativen ökologischen oder sozialen Vorteil gegenüber anderen vergleichbaren Produkten aufweisen. Die Idee eines Warenkorbs (anstelle der Konzentration auf

Einzelprodukte) wurde vom ÖW, der sich allerdings „nur" auf die ökologische Dimension bezieht, übernommen.

Im NW finden sich folgende Bereiche wieder: Lebensmittel, Textilien und Bekleidung, Wohnen und Haushalt, Mobilität, Tourismus und Finanzdienstleistungen mit konkreten Angaben zu Labels und Gütesiegeln. In der zu überarbeitenden Broschüre des Rats für NE werden die Bereiche Reinigung und Pflege, Freizeit, Unterhaltung und Kommunikation mit aufgegriffen. Es ist allerdings nicht gedacht, dass man sich bedenkenlos aus dem NW bedient, sondern es sollte auch darauf geachtet werden, wie sich die Produkte verwenden und entsorgen lassen, ob man die Produkte zur Steigerung der eigenen Lebensqualität wirklich benötigt (vgl. auch hier Suffizienzstrategie) und welchen individuellen Beitrag man zur Verstärkung einer nachhaltigen Wirtschaftsweise leisten will (vgl. imug).

Ziel/Funktion

Der NW wird von der Bundesregierung unterstützt. Er hat eine kommunikative Funktion, gibt Anregungen, Hilfestellungen und Infos und soll den Verbrauchern als Entscheidungshilfe dienen. Nützlichkeit, Nutzbarkeit und Nutzung müssen auch aus Sicht der Konsumenten und aus Sicht der Nachhaltigkeit sicher gestellt sein (vgl. imug). Der NW ist ein Instrument des NK; der NK ein Bereich nachhaltiger Konsum- und Produktionsstrukturen und diese wiederum ein Teilgebiet NE.

Bei der Konzipierung des nachhaltigen Warenkorbs ist die Orientierung an den drei Dimensionen der Nachhaltigkeit sinnvoll, auch wenn diesen eine unterschiedliche Bedeutung eingeräumt wird: So liegen über ökologische Produktqualitäten wesentlich mehr Informationen vor als über soziale Faktoren. Der NW greift auf bereits bestehende Informationsinstrumente (Label, Gütesiegel) zurück, die jeweils nur Teilaspekte der Nachhaltigkeit berücksichtigen, aber in der Summe hilfreiche Informationen liefern (Anforderungen an diese Informationsquellen: Unabhängigkeit des Produzenten der Information; Überprüfbarkeit, Nachvollziehbarkeit und Transparenz der Bewertung; bundesweiter Verbreitungsgrad und praktische Anwendbarkeit; Sichtbarkeit, Klarheit und Verständlichkeit) (vgl. imug). Labels und Gütesiegel sind wissenschaftlich nicht tolerierbar, aber sie dienen als Schlüsselinformationen und sind alltagstauglich und benutzerfreundlich.

Folgende Faktoren im Allgemeinen sollen bezogen auf den NW einen positiven Beitrag zur Nachhaltigkeit liefern:

In Bezug auf die ökonomische Dimension:

- Hohe Nutzenstiftung zu vertretbaren Preisen und Folgekosten (Überschneidung mit der ökologischen D.: geringer Energieverbrauch, leichte Reparaturfähigkeit; mit der soz. D.: Auswirkung auf regionale Wirtschaftsstrukturen, Sicherung von Arbeitsplätzen)
- „Vorsorgeprinzip" (auch im Zweifelsfall) zugunsten von Sicherheits- und Gesundheitsinteressen des Konsumenten
- Entscheidungshilfe: Such- und Erfahrungseigenschaften der Beurteilung durch den Verbraucher und Infos von z.b. Stiftung Warentest, Verbraucherverbände

In Bezug auf die ökologische Dimension:

- Ökologischer Vorteil gegenüber anderen Produkten (Anforderungen: geringe Material- und Energieintensität bei hoher Nutzenintensität, Minimierung des Landverbrauchs pro Einheit Produkt/DL, Eliminierung des Ausstoßes von Gefahrstoffen, maximaler Anteil an erneuerbaren Ressourcen)
- „Vorsorgeprinzip" (auch im Zweifelsfall) zugunsten des Umweltschutzes
- Entscheidungshilfe: Unternehmenstests, Ökotest, Ökobilanzen, Unabhängige Ökolabel (Ökosiegel u.ä.), Energieverbrauchslabel

In Bezug auf die soziale Dimension

- Faire Welthandelsbeziehungen, fair gehandelte Produkte mit möglichst hohem Anteil an der Wertschöpfung in Entwicklungsländern
- Soziale Vorteile auf der regionalen oder nationalen Ebene: Chancengleichheit, Schaffung von Arbeitsplätzen, Arbeitsschutz, angemessener Lohn, Integration und Förderung von behinderten Menschen, qualifizierte Frauenförderung
- Negatives Ausgrenzungskriterium: kein Verstoß gegen international anerkannte Sozialstandards: z.B. keine Kinderarbeit
- Entscheidungshilfe: Unternehmenstests, unabhängige Soziallabel: z.B. Fair Trade Labels, BananaFair, gepa etc.

Beispiel für einen Bereich des NW „Tourismus": Wer z.B. nachhaltig verreisen will, sollte auf Folgendes achten:

- Ökologisch ausgerichtete und ausgezeichnete Hotels und Pensionen buchen
- Faire Bezahlung der im Gastland beanspruchten Dienstleistungen
- Urlaub in der näheren Umgebung anstatt ausschließlich Fernreisen
- Bei Fernreisen längere Aufenthalte vor Ort
- Nutzung umweltfreundlicher Verkehrsmittel (Bus, Bahn, Fahrrad, etc.)

9

- Respekt vor den Sitten und Moralvorstellungen des gastgebenden Landes
- Kennzeichen und Informationsquellen: Stiftung Warentest, Viabono, Fahrtziel-Natur, VISIT

Kritik/Fazit

Von dem Ziel des kollektiven nachhaltigen Handelns sind wir noch weit entfernt und ob wir diesen Strukturwandel jemals erreichen werden, wage ich zu bezweifeln, aber wir sollten und müssen jetzt und in naher Zukunft weiter daran arbeiten, bevor die Grenzen des Wachstums überschritten sind (vgl. „Die neuen Grenzen des Wachstums", 1992). Gerade aufgrund unserer jetzigen weltweiten Situation und den Zukunftsprognosen, wenn wir so weiter machen wie bisher (Bevölkerungswachstum bis 2050 auf ca. 10 Milliarden, Steigerung der CO_2 Emissionen, erhöhter Ressourcenverbrauch − in den IL 7 x höher als in den EL, Überschuldung der öffentlichen Haushalte, hohe Arbeitslosigkeit, Überfischung und Verschmutzung der Weltmeere, Verlust von Arten, Zerstörung von Ökosystemen), Zunahme der Verarmung, Verschuldung und der Unterernährung in den EL, gravierende anthropogen bedingte Wärmeveränderung etc.) ist eine NE dringend notwendig, damit irreparable Schäden gemindert werden können, den nachfolgenden Generationen ihre Lebensgrundlage erhalten bleibt und sie ihre Bedürfnisse befriedigen können. Einige Schritte in die richtige Richtung wurden bereits unternommen, dennoch muss auf Seiten der Politik, aber vor allem auch auf Seiten der Verbraucher (Nachfrage bestimmt das Angebot), sowohl ein Bewusstseinswandel vollzogen als auch nachhaltig gehandelt werden. Meiner Auffassung nach ist es schwierig festzulegen, wann ein optimales Maß an N erreicht ist, aber je mehr Menschen (Privatpersonen, Unternehmer, Gewerkschaftler, Politiker) sich mit der Thematik auseinandersetzen und anfangen, die Auswirkungen ihres Handelns/Konsumierens zu überdenken und im Rahmen ihrer Möglichkeiten bewusste Entscheidungen im Hinblick auf N zu treffen, desto schneller gelangen wir voran auf dem Weg in Richtung „homo sustinens". Bis dahin müssen allerdings noch einige Barrieren überwunden werden, auf die ich im Folgenden kurz eingehen möchte.

Äußere Barrieren: Obwohl der Begriff "Nachhaltigkeit" in der politischen Auseinandersetzung häufig verwendet wird, ist er nur wenig aus der wissenschaftlichen Diskussion herausgetreten und vielen Menschen noch unbekannt. Nur 13 % der Deutschen konnten im Jahr 2000 überhaupt etwas mit dem Begriff anfangen (vgl. BfU). Es mangelt weiterhin an Aufklärung und Informationsvermittlung von Seiten der Regierung. Bildung spielt dabei eine große Rolle und so sollte die Schule schon früh im Arbeitslehreunterricht diese Thematik vor allem mittels handlungsorientierter Lernarrangements vermitteln und bestenfalls ihr eigenes Schulprofil auch an der N ausrichten (z.b. Anlegen eines Schulgartens, Mülltrennung, Gesunde/Nachhaltige Ernährung, Durchführung von ökologischen oder sozialen Projekten, Integration von Behinderten, Chancengleichheit etc.). Das alleine wird aber nicht ausreichen, den Großteil der Bevölkerung aufzuklären. Meine Idee wäre, dass „Nachhaltigkeits-Vertreter" von Haus zu Haus gehen und eine individuelle, an die Bedürfnisse der Menschen angepasste Beratung über NK durchführen. Ein Fragenkatalog, der gleichzeitig Handlungsalternativen aufweist (auch mithilfe des NW), könnte entwickelt und durchgeführt werden. Die Frage der Finanzierung bleibt in dieser Überlegung noch ungeklärt; möglich wäre eine Mischfinanzierung (staatlich und von Unternehmen, die selbst nachhaltig wirtschaften und für beschlossene nachhaltige Änderungen der Haushalte Rabatte gewähren (z.b. beim Wechsel zum Ökostrom)

Der NW bietet zwar eine konkrete Entscheidungshilfe an, dennoch halte ich ihn noch für verhältnismäßig kompliziert, um ihn beim täglichen Einkauf zu verwenden. Der Verbraucher muss sich mit einer Vielzahl von Labels auseinandersetzen, deren Aussagekraft und Gewichtung nicht einfach nachzuvollziehen sind. Sie dienen zwar als Schlüsselinformation schwer verständlicher Sachinformationen, dennoch wird der Konsument durch nichtssagende Begriffe in die Irre geführt und es mangelt ihm an Informationen über die Produktion der Waren. Bisher ist durch die Vielzahl von Güte-Siegeln noch nicht gewährleistet, dass alle Aspekte der N für jedes Produkt gleichermaßen berücksichtigt werden. Dies bedeutet eine gewaltige Eigeninitiative und Handlungsbereitschaft auf Seiten der Konsumenten. Zu wünschen wäre ein einheitliches staatliches Siegel, das alle Aspekte der Nachhaltigkeit erfüllt und zu einfacheren Entscheidungen führen könnte. Der „Rat für NE" hat sich darüber gewiss schon Gedanken gemacht, aber wenn es machbar wäre, würde es dieses Siegel wahrscheinlich schon geben. Eine weitere Barriere ist die nicht immer gegebene Verfügbarkeit (räumliches Auseinanderfallen von Arbeit, Wohnen und Freizeit). Dies führt zu längeren Anfahrtswegen: Zeitlichen Investitionen, Abgasausschüttung und Transportkosten, die in die „Berechnung" mit einbezogen werden müssen.

Aber auch innere Barrieren wie z.B. eingefahrene Konsumgewohnheiten, übertriebene Bequemlichkeitsorientierung oder die Vermutung NK sei teurer (nicht ohne weiteres nachweisbar) sind häufig vorhanden. Zudem werden Handlungsvorschläge für einen NK häufig mit gesellschaftl., ökolog. und moralischen Begründungen unterbreitet, statt Fragen des Genuss, der Gesundheit oder der besseren Lebensqualität in den Vordergrund zu rücken. Aufgabe von Staatsseite wäre es, Vorteile aufzuzeigen und Anreize zu schaffen. So könnten Unternehmen, die Ziele der NE verfolgen, miteinander Verträge schließen, z.B. Einführung eines Rabatts bei der Bahn für den Kauf von Produkten in Bioläden. Solange nur das wirtschaftliche Eigeninteresse als egoistisch, die sozial-ökologische Verantwortung jedoch als altruistisch angesehen wird, wird sich in den nächsten Jahren nicht viel am jetzigen Zustand ändern. Jeder ist sich schließlich selbst am nächsten. Wenn man es jedoch schafft, auch die ökologische und soziale Dimension als Aufwertung des eigenen Lebens zu begreifen, würde man dem Ziel der NE einen Schritt näher kommen.

Vielen Menschen fehlt das Bewusstsein über den Zusammenhang zwischen persönlichem Verhaltens und sowohl ökologischen als auch sozialen Schäden und sie haben die Betroffenheit des Einzelnen noch nicht realisiert (steigende Lebenshaltungskosten, Ressourcenknappheit etc.) Wenn eine direkte Rückkopplung zwischen Güterverbrauch und Umweltproblemen erfahrbar wäre, käme es womöglich zu einem veränderten Konsumverhalten.

Angesichts der Erfahrungen der letzten Jahre kann jedoch bezweifelt werden, ob eine breite Zustimmung zu einigen Prinzipien von N bei der Umsetzung in konkrete Politik dann auch mit einer nennenswerten Bereitschaft verbunden wäre, persönliche Belastungen oder Einschränkungen zu akzeptieren.

Eine weitere Voraussetzung für die Umsetzung des Prinzips N wären die entsprechenden Rahmenbedingungen der Politik, Technik und Umweltwissenschaft: z.B. Hemmnisse abbauen, umweltgerechte Mobilität fördern, Öko-Dumping verhindern, Festlegung verbindlicher Mindeststandards im Umweltbereich, Bereitstellung verhaltens- und handlungsrelevanter Konzepte, Umweltbildung etc.

Diese äußerst komplexe und nur mit Mühe konkretisierbare Herausforderung führte zudem dazu, dass viele auch interessierte Konsumenten durch Expertenstreits verunsichert wurden und die begriffliche Klarheit stark gelitten hat. So übt z.B. Klaus

Töpfer (Direktor des UN-Umweltprogramms) Kritik an der Ausweitung und Verwendung des Begriffs „Nachhaltigkeit": "Wenn einem nichts anderes mehr einfällt, spricht man von einer nachhaltigen Entwicklung ...". Der Begriff "Nachhaltigkeit" wird inzwischen sogar missbräuchlich und gegensätzlich zu seinem ursprünglichen Kerninhalt verwendet, z.b. "um beliebige ökonomische Belange gegen die Erfordernisse des Umweltschutzes in Stellung zu bringen" (vgl. Rat der "Ökoweisen").

Bis die EU verbindliche Vorgaben verabschiedet, werden wir in den nächsten Jahren sehen, wie es in Deutschland mit der NE weitergeht. Im Koalitionsvertrag von CDU und SPD wird die nationale N-Strategie aufgegriffen und soll weiterentwickelt werden. Besonderes Augenmerk gilt dabei

- der gerechteren Ausgestaltung weltweiter Strukturen,
- der weiteren Reform der EU-Entwicklungspolitik,
- der Fortsetzung der Reformen der internationalen Finanzinstitutionen Weltbank und IWF,
- der Stärkung der Verhandlungs- und Umsetzungskapazitäten der EL
- der Verbesserung der Möglichkeiten der EL, eigene Mittel für ihre Entwicklung zu mobilisieren.

Ich selbst habe in den letzten Wochen bereits einen Bewusstseinswandel vollzogen und bin dabei mein Handeln – Schritt für Schritt – zu ändern (vor allem bewusstere Konsumentscheidung beim Kauf von LM. Das ist mein persönlicher Beitrag in Hinblick auf eine NE.

CO_2 Emission im vorindustriellen Zeitalter in der Erdatmosphäre: 280 ppmv (pars per million in volume)

Aktuell: 375 ppmv (ca. 1/3 erhöht)

CO_2 Emission der IL?

1980: 18,1 Mrd. Tonnen

2002: 23,7 Mrd. Tonnen